A feast of gingerbread

Pâtisserie maison

© 1976, Warwick Hatton and Beth Hatton

Tundra Books of Montreal
Montreal, Quebec H3G 1J6

ISBN 0-88776-057-0
Legal Deposit, 1st Quarter
Quebec National Library

Published simultaneously in the United States by
Tundra Books of Northern New York
Plattsburgh, New York 12901

ISBN 0-912766-21-2
Library of Congress card no. 75-2792

French translation by René Chicoine

Design by Max Newton

Typeset by Typographic Service, Montreal, in 12 pt.
Garamond. Printed in the United States by
Froelich/Greene Inc.

Front cover: 546 Cherrier
Inside front cover: 2378-82 St. Antoine
Inside back cover: 2410 St. Antoine
Back cover: 333 Metcalfe, Westmount
Page 1: 490 Prince Arthur

© 1976, Warwick Hatton and Beth Hatton

Les Livres Toundra de Montréal
Montréal, Québec H3G 1J6

ISBN 0-88776-057-0
Dépôt légal, 1er trimestre
Bibliothèque Nationale du Québec

Publié simultanément aux Etats-Unis par
Tundra Books of Northern New York
Plattsburgh, New York 12901

ISBN 0-912766-21-2
Library of Congress, fiche no 75-2792

Traduction française: René Chicoine

Maquette: Max Newton

Typographie: Typographic Service, Montréal: caractère
Garamond, corps 12. Impression: Froelich/Greene Inc.
(Etats-Unis)

Couverture supérieure: 546, rue Cherrier
Couverture supérieure interne: 2378-82, rue Saint-Antoine
Couverture postérieure interne: 2410, rue Saint-Antoine
Couverture postérieure externe: 333, rue Metcalfe, Westmount
Page 1: 490, rue Prince-Arthur

Canadian Cataloguing in Publication Data

Hatton, Warwick
    A feast of gingerbread from our Victorian past =
Pâtisserie maison de notre charmant passé

    Text in English and French.
    Includes index.
    ISBN 0-88776-057-0 (Montreal)
    ISBN 0-912766-21-2 (Northern New York)

1. Architecture, Domestic—Montreal, Que.—History.
2. Woodwork—Montreal, Que.—History. I. Hatton, Beth.
II. Title. III. Title: Pâtisserie maison de notre charmant passé.

NA7243.M6H3   728'.09714'281   C76-015012-5

A feast of gingerbread
from our Victorian past

Pâtisserie maison
de notre charmant passé

By Warwick and Beth Hatton

Traduction de René Chicoine

Tundra Books ▬▬▬ Les livres Toundra

Contents

Table des matières

Introduction

Montreal is a showcase of Victorian decorative woodwork, more familiarly known as "gingerbread." Few other cities still possess such a large, rich collection with so many streets remaining intact.

Much of this woodwork was produced by machine tools which began to be used extensively after 1850. Machines allowed great variety of design; with a little skill and imagination a carpenter, or even an enthusiastic amateur, could turn out numerous variations on a theme. At the same time machine production was cheaper than handwork and so decoration was no longer limited to the dwellings of the rich. Gingerbread appeared in profusion in middle-class and working-class streets alike.

Thus it developed into a popular art, as expressive of the Victorian age as the elaborate dresses and romantic novels of the era. It was a world of make-believe — of Gothic gables, Moorish screens and Roman arches. There was hardly a hint of the industrial age which made it all possible. Perhaps this very unreality gives Montreal's woodwork its charm today. It was done with enthusiasm and the enthusiasm was infectious. Airy, jutting balconies and scalloped vergeboards added a touch of fantasy to the solid terrace fronts of brick and stone. Long straight streets were made more intimate with little porches and bracketed canopies.

Sadly, this woodwork is now beginning to vanish, and with it a significant part of the city's history.

Préface

Montréal s'enorgueillit d'une riche collection de bois décoré dans le style victorien, familièrement appelé *gingerbread*. Peu de villes présentent un aussi riche éventail et un tel nombre de rues demeurées intactes.

Permettant une grande variété de motifs et utilisée de plus en plus à partir de 1850, la machine-outil produisit une bonne partie de ces décors. Avec un peu d'habileté et d'imagination, un menuisier ou même un bricoleur enthousiaste, pouvait tirer de nombreuses variations d'un thème donné. La mécanique étant plus économique que l'artisanat, la décoration des façades cessa d'être l'apanage des gens riches. Dans les rues de la classe moyenne mais aussi de la classe prolétaire, la "pâtisserie maison" devint luxuriante.

Devenue art populaire, elle exprima l'époque victorienne au même titre que les romans d'amour et les toilettes recherchées. Pignons gothiques, écrans mauresques, arcs romans . . . monde d'illusions délibérées ne suggérant guère l'ère industrielle dont il dépendait . . . monde irréel expliquant sans doute le charme que nous trouvons au Montréal d'autrefois créé dans l'enthousiasme (or l'enthousiasme est contagieux). Balcons ajourés et frises à festons ajoutaient une pointe de fantaisie aux façades alignées en brique ou en pierre. Les porches exigus, avec leurs consoles soutenant un toit en saillie, rendaient plus accueillantes ces longues rues toutes droites.

Hélas! tout ce bois ouvré est en voie de disparition. Disparaît aussi avec lui un élément caractéristique de l'histoire de la métropole.

5957, rue Notre-Dame est

1744-56, rue Saint-Hubert (appr. 1870)

Chapter 1

Montreal in the nineteenth century

Before 1850 Montreal was a town of narrow streets and plain stone buildings. Its houses had small windows, steep tin roofs with projecting dormers and high gable ends to prevent the spread of fire. Something of this character is preserved in Old Montreal.

Industrialization caused the town to grow rapidly during the second half of the century. The population increased from 58,000 in 1850 to 268,000 in 1900. Many new houses were needed to accommodate the growing population — including thousands of immigrants from Europe — and to replace dwellings

Chapitre 1

Montréal au 19e siècle

Avant 1850, Montréal était une petite agglomération: rues étroites, immeubles tout unis, maisons aux fenêtres modestes, toits escarpés en zinc percés de lucarnes, coupe-feu très élevés par mesure de précaution. Visiter le vieux Montréal, c'est retrouver des vestiges de ce passé.

Dans la seconde moitié du 19e siècle, la ville se développe rapidement, s'industrialise, fait passer la population de 58 000 âmes en 1850 à 268 000 en 1900. Il fallait de nouvelles habitations pour loger tout ce monde comprenant des milliers d'immigrants européens, et pour remplacer celles que les incendies désastreux des années 50 avaient détruites.

Dans la plupart des cas, on abandonna les méthodes de construction traditionnelles. On remplaça les

1597, rue Saint-Christophe

lost in the disastrous fires of the early 50s.

For most of these new houses, traditional building methods were abandoned. Outer walls of solid stone were replaced by a veneer of brick and stone over a frame quickly assembled with milled lumber and machine-cut nails. The speed and low cost of the new methods released tradesmen for decorative finishing work. Formerly only the rich could afford to hire craftsmen to do such work, but now ornament was well within the means of other classes.

Decoration in carved stone, molded terra cotta, cast iron, colored glass and slate appeared in profusion on Victorian homes everywhere. In North America, where easily worked but durable softwoods like white pine and spruce were plentiful, ornamental woodwork became particularly characteristic of houses of the period.

Almost all the surviving woodwork in the city dates from 1870–1900, although old photographs show splendid examples dating from the 50s and 60s, mostly on grand houses near the mountain or by the river. These have nearly all vanished.

During the nineteenth century most Montreal houses were built in terraces. These were economical

solides murs de pierre par des revêtements de pierre et de brique sur des murs en charpente débitée, rapidement montés avec des clous taillés à la machine. Les nouvelles méthodes, expéditives, économiques, permirent de fignoler l'apparence. Jusque là artisanal, le décor, que seuls les riches avaient pu se payer, devient un art populaire dont pourront profiter les autres classes sociales.

Enjolivements gravés dans la pierre, moulés dans la terre cuite ou en fonte, verre de couleur et ardoise, on les trouvait à profusion dans toutes les maisons victoriennes. En Amérique du Nord, le bois ornemental devint d'autant plus caractéristique que le pin et l'épinette, essences tendres mais durables, étaient plus qu'abondantes.

Les décors en bois qui ont survécu à Montréal se situent entre 1870 et 1900. De vieilles photographies, toutefois, nous montrent des exemples magnifiques de belles résidences construites près de la montagne ou le long de la rivière dans les années 50 et 60. Sauf quelques exceptions, elles ont disparu.

Au 19e siècle, la plupart des maisons étaient adjacentes, ce qui représentait une économie de construction et de chauffage et convenait à la division des

Rue Bishop

to construct and to heat and suited to the long narrow street blocks. The lots were generally twenty-five feet wide but speculative builders frequently reorganized them into frontages of sixteen or seventeen feet so that two lots could accommodate three dwellings.

The earliest surviving terraces with decorative woodwork were built in the east end. They were plain looking with flat fronts and simple pitched roofs. Pairs of street doors gave access to an apartment on the ground floor and to an internal staircase leading to one or two upper stories. Usually, the top story was an attic lit by dormer windows. Ornamental woodwork appeared on porches and canopies over doors, and on vergeboards and pediments over dormer windows.

Though early terraces were entered at street level, toward the end of the century builders discovered they could gain space for an additional apartment or shop at ground level by building an external staircase leading to a main entrance one story above the street. These stairs were often decorated with sawn scrollwork. Although quite unsuitable to Montreal winters, they became popular and were the forerun-

rues longues et étroites. Les terrains comptaient généralement vingt-cinq pieds de largeur, mais ce qu'on appelle maintenant les promoteurs les rétrécissaient souvent à seize ou dix-sept pieds afin de "loger" trois maisons sur deux terrains.

C'est dans l'est de la ville que subsistent les suites les plus anciennes de maisons décorées de bois ouvré. Façades unies et plates, toits simples à versants. Des portes jumelées donnaient accès au rez-de-chaussée et à un escalier intérieur menant à un ou deux étages. L'étage supérieur était, en général, une mansarde éclairée par des lucarnes. Le bois ouvré décorait les porches et les auvents à consoles, ainsi que les bordures et les frontons des lucarnes.

Les entrées des rues plus anciennes étaient de plain-pied avec la chaussée, mais vers la fin du siècle, les entrepreneurs s'aperçurent qu'en construisant à l'extérieur l'escalier menant à l'entrée principale de l'étage, ils pouvaient ajouter un deuxième logement ou magasin au rez-de-chaussée. Ces escaliers étaient souvent ornementés de volutes découpées. Bien que tout à fait impropres à nos hivers, ils devinrent populaires, se faisant ainsi les précurseurs des escaliers métalliques en tire-bouchon des débuts du vingtième-

2040-42, rue Jeanne-Mance (1886)

ners of the metal spiral staircases of early twentieth-century Montreal.

Later terraces became more elaborate and wood-work decoration more extensive. The pitched roof was replaced by a mansard or by a parapet hiding a flat roof. Bay windows, turrets and towers were added. The balcony, open or roofed, became a principal feature of streets in every part of the city. Doorways were emphasized by grouping doors in twos and fours under balconies and canopies. Dormer windows were enlarged and often decorated with massive pediments or replaced with covered balconies.

In the early 90s a new type of terrace appeared, mostly in the west end. This consisted of what amounted to a row of miniature suburban villas, each a single-family dwelling on two or three floors, with its own separate entrance, a little garden at the front and a yard at the rear. These houses were substantial in appearance with bay windows, porches reached by short flights of steps, large balconies and ornamental gables and pediments. There was often a large wood porch at the rear.

Near the center of the city, even quite large private houses were built as terraces, without surrounding

siècle.

Par la suite, les rues devinrent plus ambitieuses et les décors plus compliqués. Un toit à la mansarde ou une corniche dissimulant une toiture plate remplaça le toit à versants. On ajouta des fenêtres en saillie, des tourelles et même des tours. Couvert ou non, le balcon devint la principale attraction un peu partout dans la ville. On donna de l'importance aux entrées en groupant les portes par deux ou quatre sous des balcons à consoles. Les fenêtres des lucarnes s'agrandirent et, souvent, se coiffèrent de frontons massifs. Ou bien on eut recours à des balcons couverts.

Dans les années 90, un nouveau type de maisons uniformes apparut, principalement dans le secteur ouest. Elles formaient des rangées de petites villas du genre banlieue, chacune comptant un ou deux étages, à part le rez-de-chaussée, et logeant une seule famille avec entrée indépendante, petit jardin sur le devant et cour à l'arrière. Fenêtres en saillie, perrons comprenant quelques marches d'accès, grands balcons, pignons et frontons ornementés, cela avait une apparence cossue. Bien souvent, à l'arrière, un grand porche en bois complétait l'extérieur.

Près du centre-ville, on construisit de grandes mai-

Rue Saint-Hubert

3755-61, rue Coloniale (appr. 1900)

3484-86, rue Coloniale (1900)

gardens and facing directly onto the street. The long verandas, deep bay windows and jutting towers of the suburban villa were compressed into the confines of narrow city lots.

The free-standing house in its own grounds was built on the outskirts of the city, on the slopes of its mountain and at lakeshore resorts such as Lachine. Few have survived, but old photographs show that they were often extensively decorated with woodwork.

At first houses in the English districts were noted for their extravagance, but by the 90s some of the most fantastic woodwork in Montreal was found in the fashionable French quarters. Domes, spires, pinnacles, elaborate wooden balconies, gables and porches appeared around St. Louis Square, along St. Denis Street and toward Lafontaine Park.

For decorative woodwork in Montreal this was the final fling. The unbridled exuberance of the 90s gave way to a more austere style. Mansards and gables were replaced by flat roofs. Wooden moldings, turnery and scrollwork gradually disappeared. By 1910 the Age of Gingerbread was over.

sons privées, mais alignées et sans jardins. On y retrouvait les longues galeries, les spacieuses baies et les tours en saillie des villas de banlieue. À échelle réduite cependant, vu l'étroitesse des terrains.

Les maisons sur terrain isolé se situaient en banlieue, sur le versant de la montagne ou au bord de l'eau comme à Lachine. Il en reste peu d'exemples; l'ornementation en bois ouvré y était souvent très abondante, ainsi que l'indiquent de vieilles photographies.

Au début, seules les habitations anglaises se distinguaient par leur exubérance, mais, dans les années 90, c'est dans les quartiers français élégants qu'on trouve quelques-uns des décors les plus extravagants. Dômes, flèches, pinacles, balcons savamment travaillés, pignons et porches, apparurent autour du square Saint-Louis, le long de la rue Saint-Denis et du côté du parc Lafontaine.

A Montréal, ce furent là les derniers fruits de l'ornementation des façades. Le foisonnement débridé des années 90 céda la place à un style plus sobre. Les toits plats remplacèrent les toits obliques à pignons. Les moulures en bois, les volutes et les motifs façonnés au tour disparurent graduellement. Vers 1910, le style pâtisserie était devenu chose du passé.

4396-4410, avenue Hôtel de Ville (1901)

Place Blenheim, Westmount (appr. 1895)

340-44, avenue Wood, Westmount

89-95, avenue Hallowell, Westmount

2232, boulevard Dorchester ouest

201-11, rue Rachel

1204-06, rue Visitation (1890)

719, rue Laporte, Saint-Henri

Avenue Laval, Carré Saint-Louis

165, rue Sherbrooke est (1900)

2017, rue Saint-Hubert (1887)

Rue Saint-Denis (au sud de Dorchester)

2229-39, rue Hawarden

Chapter 2

Design influences

The fashion for ornamental woodwork was part of the late nineteenth-century fondness for embellishment. The Victorians disliked simple shapes and plain surfaces. Even functional objects, not considered attractive in themselves, were made so by adornment. Thus clothes wringers, sewing machines and heavy machinery sprouted cast iron leaves and tendrils; glassware and china were embossed, engraved and painted. Houses, of course, were decorated inside and out.

Although the Victorians were self-assured and creative in many fields such as science, technology and exploration, they were curiously uninventive and lacking in self-confidence in art. In their architecture they sought to re-create images of other ages and other cultures. In North America, as elsewhere, the whole Picturesque movement and love of decoration were an escape from the real nineteenth-century world into other worlds of make-believe. Victorian Gothic recalled romance and chivalry, Classical revivals recaptured the glories of Greece and Rome, and Oriental motifs conjured up visions of empire and exotic lands. The borrowed styles were combined — with characteristic Victorian exuberance — in an endless variety of forms.

In Montreal many grand houses imitated European styles; these, in turn, served as models for more modest villas and terraces. Victorian houses also show the influence of building magazines and house pattern books, which contained essays on architecture and landscaping and selections of house plans in a range of styles. Some examples of woodwork designs were given, although builders went on to invent their own variations, making the production of wooden ornament a form of popular art.

The pattern books suggested four major decorative styles for ornamental features: Gothic, Italianate, Swiss, and the Bracketed style which combined elements of Gothic and Italianate. Much of the surviving woodwork of Montreal is a mixture of these.

Chapitre 2

Styles et influences

Au 19e siècle, la mode était aux enjolivements, d'où l'engouement pour le bois ornemental. Formes simples, surfaces unies, cela ne plaisait pas à l'époque victorienne. Même les objets fonctionnels cherchaient à séduire malgré leur caractère prosaïque. Feuilles et vrilles en fonte poussèrent sur les essoreuses, les machines à laver, les machines lourdes. Verrerie et porcelaine furent gravées, bosselées, peintes. Bref, la décoration habitait aussi bien les intérieurs que les façades.

Les *Victorians,* sûrs d'eux-mêmes, manifestèrent leur esprit créateur en bien des domaines: science, technologie, exploration. Pourtant, ils manquaient totalement d'assurance et d'invention en art. Ils voulurent recréer par l'architecture des civilisations autres que la leur. Tout comme ailleurs, en Amérique du Nord, ce style pittoresque engendré par l'amour du décor, servit d'évasion: le positivisme du 19e siècle se couvrit d'un voile de chimères. Le gothique victorien ressuscita troubadours et chevaliers; les allusions à l'antique rappelèrent la gloire de la Grèce et de Rome, les motifs orientaux firent surgir des visions de vastes empires exotiques. On combina ces différents apports en une variété infinie, caractérisée par la luxuriance victorienne.

A Montréal bon nombre des plus magnifiques résidences s'inspiraient de styles européens. Elles-mêmes servirent de modèles aux villas plus modestes et aux maisons en ligne. Peut également être consignée l'influence des magazines et des livres sur l'aménagement immobilier ou paysagiste et le choix d'un plan selon tel ou tel style. On y trouvait des motifs en bois ouvré, mais les constructeurs préféraient inventer des variations. C'est ainsi que le bois ornemental devint une forme d'art populaire.

Les livres d'exemples préconisaient quatre styles principaux en décoration: gothique, italianisant, suisse, et style hybride combinant le gothique et l'italianisant. A Montréal, le bois ouvré resté intact est en grande partie un amalgame de ces styles.

451, avenue Mountain, Westmount

Gothic

The Gothic of the pattern books (also known as the English or Pointed style) was based on medieval English buildings and was characterized by pointed arches and steep roofs. Its main decorative features were ornamental vergeboards and projecting gables to break up straight roof lines. Probably because of its English associations, Gothic was most prevalent in Westmount where the wealthy English and Scots lived. Some early Montreal examples follow pattern book designs quite closely; later work is more ornate, showing more detailed knowledge of the Gothic period.

Scroll-sawn vergeboards became particularly popular. Their designs developed into flowing patterns of loops and foliage or geometric forms based on medieval window tracery.

Le gothique

Les modèles imprimés illustraient le style gothique (appelé également style anglais ou ogival) des constructions moyenâgeuses: arcs ogivaux et toits à pente rapide. Traits caractéristiques principaux: bordures ornementales des pignons; pignons surélevés dominant l'horizontale des toits. Le gothique à l'anglaise s'épanouit tout naturellement à Westmount, où habitaient riches Anglais et Ecossais. Les livres fournirent des modèles qui, au début, furent suivis de près dans certains cas. Plus ornés par la suite, les motifs indiquèrent une meilleure connaissance de la période gothique.

Les bordures de pignon à ornements chantournés se popularisèrent. On multiplia entrelacs et feuillages ou on adopta des formes géométriques découpées comme des fenêtres médiévales.

1428, rue Fort (1877)

1836, rue Tupper (1874)

3958, Saint-Jacques ouest

102, avenue Columbia, Westmount (1900)

Angle des rues McGregor et Simpson

111, rue Côte Saint-Antoine, Westmount (1899)

30, avenue Forden, Westmount (1904)

2165, rue Wellington

490, rue Prince-Arthur (1873)

Italianate

The Italianate (or Tuscan) style was modeled on the country villas around Florence. Its chief features were round instead of pointed arches, towers, gently sloping roofs with deep bracketed eaves, and Classical detail. In Montreal the Classical tradition of Quebec architecture ensured the popularity of this style, especially when it was combined with the mansard roof.

Italianate was considered a "modern" style (Gothic was "historic") and so could be adapted freely. Italianate bracketed eaves, bay windows and porches appeared in all parts of the city, but especially in the French quarters. Cornices, doors, balconies, even Gothic elements like the projecting oriel window appeared in Italianate dress.

Le style italianisant

Les villas de campagne autour de Florence inspirèrent le style italianisant (ou toscan). Caractéristiques: arcs cintrés, tours, toits à pente douce, avant-toits à consoles, éléments classiques. La tradition de l'architecture classique du Québec assurait la popularité de ce style à Montréal, surtout quand on le combinait avec le toit à la mansarde.

Le style gothique était "historique". L'italianisant, considéré comme style "moderne", permettait libre interprétation; avant-toits à consoles, baies et porches, apparurent partout dans la ville, particulièrement dans les quartiers français. Corniches, portes, balcons, éléments de gothique même telles les fenêtres en saillie, complétaient le style à l'italienne.

1100, rue Saint-Hubert

1230, boulevard de Maisonneuve est

3430, rue Sainte-Famille

355, avenue Olivier, Westmount

1752, rue Saint-Hubert (appr. 1870)

900-02, rue Cherrier (1876)

Swiss

Le style suisse

The Swiss (or Tyrolean) style, with low pitched roofs, long galleries and exposed wooden structure, imitated the chalets of the Alps. The *Canadian Architect and Builder* magazine advocated this style as well suited to Canada, presumably because of its association with Alpine conditions. Swiss decoration consisted of ornamental balustrades of notched and pierced plank, and fretwork friezes. The style became very popular in the 1870s, when fretwork was a favorite North American hobby.

In Montreal, Swiss-style sawn work appeared on houses of every design from Italianate and Gothic to plain buildings of no particular style. The balustrades were cut to form striking repetitive patterns, rather like chains of paper dolls. Sometimes they were combined with sawn brackets.

Le style suisse, (ou tyrolien) s'inspirait des chalets alpins: toits à pentes douces, longues galeries, revêtements extérieurs en bois. Le "Canadian Architect and Builder" préconisait ce style comme approprié au pays, sans doute parce que notre climat rappelait celui des Alpes. Le style suisse se distinguait par des balustrades faites de planches décorées d'encoches et d'ajours et par des frises découpées. Il devint très populaire dans les années 70 alors que le découpage était devenu un passe-temps préféré en Amérique du Nord.

A Montréal, le bois découpé à la suisse décora des maisons de tous styles, du gothique et de l'italianisant aux maisons sans style précis. Associées parfois avec des consoles découpées, les balustrades formaient des motifs symétriques frappants qui évoquaient par leur répétition des chaînes de poupées en papier.

85, Church Hill, Westmount (appr. 1880)

364, avenue Olivier, Westmount (1880)

364, avenue Olivier, Westmount (1880)

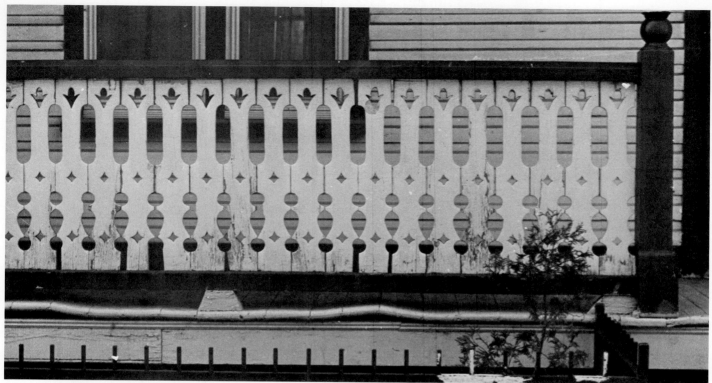

1614-16, rue Gladstone, Côte St-Paul

3605, rue de Bullion (1886)

4351, avenue Montrose, Westmount (1895)

1232-34, rue Condé (1890)

Bracketed

Some of the most popular pattern books in North America were those of A. J. Downing, who introduced the bracket as a major decorative feature which could be applied to houses of various architectural styles. The use of brackets developed into a distinctive characteristic of Montreal woodwork. At first they were small, ornamented with knobs and scrollwork and confined to eaves and cornices. But as the balcony became an increasingly important decorative element, brackets evolved into an extravanganza of scrolls, loops, spokes, foliage and fretwork. Some designs were sturdy and robust, others as delicate as lace. Most terraces in the city had their own distinctive style, but occasionally identical brackets were found on terraces several blocks apart, suggesting that some standard patterns were available.

Le style à consoles

Les livres de patrons de A. J. Downing comptaient parmi les plus populaires. Il sut présenter la console comme élément décoratif important, pouvant s'adapter à différents styles d'architecture. A Montréal, l'emploi de consoles devint une caractéristique distinctive du bois ouvré. De petites dimensions au début, ornées de volutes et de rondeurs, limitées aux avant-toits et aux corniches, elles prirent, en même temps que les balcons, une importance de plus en plus grande; ce fut un fol déploiement: volutes, boucles, rayons, feuillages, découpures. Certains motifs étaient robustes et massifs et certains délicats comme de la dentelle. La plupart des rues aux maisons alignées avaient chacune un style, mais parfois on trouvait des consoles identiques dans des rues assez éloignées, ce qui présuppose l'existence de prototypes.

2378-82, rue Saint-Antoine (1891)

3422, avenue Laval (1882)

117-19, place Blenheim, Westmount (1895)

722-30, rue Saint-Philippe, Saint-Henri

4279-93, *rue Fabre (1897)*

3522-24, rue Jeanne-Mance (1898)

62, rue Guilbault (1892)

3852-54, avenue Hôtel de Ville (1904)

3742-44, rue Saint-Hubert

3913, rue Clark (1899)

321, avenue Kensington, Westmount (appr. 1880)

Mansards

The mansard roof, named after seventeenth-century French architect François Mansart, was revived in France during the Second Empire. It quickly became the rage in North America, where it was associated with the Baroque style in public buildings and the Italianate style in houses. A major attraction of the mansard roof was that it allowed an extra story to be added without the expense of higher walls in brick or stone. (It is still used for the same reason.) Full mansards and false mansard fronts appeared on houses and terraces in every part of Montreal, their great popularity no doubt owing something to their French origin.

Mansards provided the opportunity for ornamental woodwork on the attic windows and their elaborate cornices. Even balconies and projecting towers were crowned with miniature mansard roofs.

Les toits à la mansarde

Le Second Empire ressuscita en France le toit à la Mansarde, nommé d'après l'architecte Mansard. Il fit rapidement fureur en Amérique du Nord. On l'associa au style baroque pour les immeubles publics et au style italien pour les habitations. Il avait le grand avantage de permettre un étage supplémentaire en éliminant la dépense d'un couronnement de façade en brique ou en pierre. (Il a encore cette raison d'être.) Toits à la mansarde, réels ou simulés, apparurent partout à Montréal. Leur origine française dut y être également pour beaucoup.

Ces toits inclinés fournirent une belle occasion d'orner en bois ouvré les lucarnes et leurs corniches compliquées. Même les balcons et les tours en saillie se coiffèrent de toits "mini-mansards".

41

2017-19, rue Saint-André

Rue Saint-Charles, angle de la rue Charlevoix

935, rue Robillard (1891)

3689-91, rue Saint-André (1876)

Rue Agnès, Saint-Henri

43

3662-72, avenue du Parc (1900)

Balconies

The ornamental balcony is probably the hallmark of nineteenth-century woodwork in Montreal. Series of matching balconies punctuated the monotony of flat terrace façades and added a light touch to ponderous stone and brick villas. Long verandas and galleries occasionally appeared as decorative features on single houses and sometimes a terrace could be found with a continuous veranda along the front. More frequently however the gallery was used as a means of access to upper apartments at the rear while the smaller, more decorative balcony or porch appeared on the street front. Open and covered balconies supported on posts to form porches, cantilevered on brackets or built out above bay windows had appeared by the early 80s. They were almost always built of wood and decorated with sawn or turned work. By 1890 balconies had displaced verge-boards and dormer gables as the main ornamental feature of Montreal streets. They were often so

Les balcons

Le balcon montréalais mérite probablement la suprématie sur les autres travaux du 19e siècle en bois ouvré. Des séries de balcons appareillés accentuaient la monotonie des façades alignées et allégeaient la lourdeur des villas en pierre ou en brique. Grandes vérandas et galeries n'étaient parfois qu'un décor pour les maisons isolées et parfois les galeries des maisons groupées n'en formaient plus qu'une seule. Mais la galerie servait plus souvent d'entrée aux logements supérieurs à l'arrière alors que des balcons ou porches plus petits ornaient la façade. Au début des années 80, les perrons couverts (ou non) par des auvents de bois à piliers et consoles, et les balcons construits au-dessus des baies, firent leur apparition. Le plus souvent, on se servait de bois découpé à la scie ou à la machine. Dès 1890, les balcons, généralement en bois, avaient supplanté pignons, lucarnes et bordures dans le rôle d'ornement principal des façades de Montréal. Ils étaient parfois si exigus

430-32, avenue Metcalfe, Westmount (1895)

small that they could be little else than decorative.

In the United States the inventive use of wood in architecture led to what has been called the Stick style, where the framing members of walls and roofs were expressed on the outside of the building. In Montreal — because of the fire hazard — only the framing members of projecting balconies and porches could be exposed. A handsome series of open-work balconies appeared in the late 80s. They show American influence in their open construction, ample proportions and high gables. They were more ornate than American house designs, and the framing pieces were usually turned rather than sawn, giving them a more delicate, less spiky appearance. They were ornamented with turned grooves and knobs, half-wheel designs and latticework in the gable ends and balustrades. They were found in all the fashionable parts of the city; the most elegant were in Westmount.

Most Montreal balconies were very elaborate. With wood, almost anything was possible. Historic motifs were mixed together — sometimes in bizarre combinations — and new foreign styles adopted.

qu'ils ne pouvaient être autre chose qu'un décor.

Aux Etats-Unis, on imagina une nouvelle façon d'employer le bois en architecture, ce qu'on appela "Stick Style": l'armature des murs et des toits était visible de l'extérieur. Les risques d'incendie ne permettaient pas à Montréal, porches et balcons en saillie exceptés, que la charpente soit exposée. D'élégants balcons à claire-voie apparurent à la fin des années 80, décelant l'influence américaine: ajours dans l'armature, ampleur des proportions, hauteur des pignons. Plus ornés que les motifs de façades américaines, et, en général, leurs pièces de construction tournées plutôt que sciées ils avaient une apparence moins anguleuse, plus délicate. Agrémentés de rainures et de rondeurs tournées, de motifs en demi-roue et en dentelle dans les pignons et les balustrades, on les trouvait partout dans les quartiers chics; les plus élégants étaient ceux de Westmount.

La plupart des balcons étaient très compliqués, le bois permettant presque toutes les libertés. On mêlait les ornements historiques, avec parfois de bizarres résultats, et on admettait de nouveaux styles étrangers.

4276-86, rue Notre-Dame est

3887-91, avenue Hôtel de Ville (1900)

377-81, avenue Clarke, Westmount

2267-89, rue Souvenir

353-57, avenue Prince-Albert, Westmount (1897)

2710-12, rue Reading

3576, rue Jeanne-Mance (1898)

2253, rue Souvenir

3512-14, rue Jeanne-Mance (1889)

875, rue Ontario est

1452, rue Saint-Mathieu (1889)

2190, rue Sainte-Catherine ouest (1886)

49

344, avenue Metcalfe, Westmount (1888)

333, avenue Metcalfe, Westmount (1890)

2076, rue Tupper (1889)

2510-20, rue Saint-Antoine

2512-22, boulevard de Maisonneuve est

2061, rue Saint-Hubert

3650-52, rue Sainte-Famille (1892)

3494, rue Hutchison (1891)

2410, rue Saint-Antoine

1185, rue Seymour

1220, rue Mackay (1887)

Oriental influences

Eastern style ornament was popular in Montreal late in the century. Western enthusiasm for Oriental art had developed as a result of expanded trade and travel. The 1876 Centennial Exhibition at Philadelphia introduced Japanese architecture to North America, and the lathe-work screens and ingenious timber construction of the Japanese pavilion were greatly admired.

Japanese and Chinese structures in wood and bamboo began to be imitated in decorative work in North America. Several porches and balconies were built in Montreal in this style. Their chief features were lattice screens filling gable ends and friezes, and zigzag balustrades.

Les influences orientales

Grâce à l'influence du commerce et aux voyages, l'Occident s'enthousiasma pour l'art oriental, qui devint populaire à Montréal à la fin du siècle. C'est l'exposition centennale de Philadelphie qui avait introduit l'architecture japonaise en Amérique du Nord. Treillis lattés et ingénieuses constructions en bois furent grandement admirés.

L'Amérique commença à imiter les structures japonaises et chinoises des travaux décoratifs en bois et bambou. Plusieurs porches et balcons s'en sont inspirés. Traits principaux: balustrades en profil zigzag, treillis meublant faîtes et bordures de pignons.

177, avenue Metcalfe, Westmount

863-65, rue Charlevoix (1896)

3476-80, rue Sainte-Catherine est

Moorish

Another Eastern style favored in North America in the 80s and 90s was the Moorish or Turkish, which took the form of Islamic arches, pillars and domes in public buildings. In domestic construction a style of ornament known as Moorish or Cairene fretwork became very fashionable in Montreal. It consisted of turned bobbins or balls connected with dowels to form a lattice and was derived from the Mushrabbiyah or wooden screens used on Arab houses, notably in Cairo, to admit air but not sunlight. Moorish work was used throughout Montreal for balustrades, friezes and even brackets. Ready-made screens in this style were advertised for indoor use as well.

Le style mauresque

Le style mauresque ou turc fut une autre importation orientale dans les années 80 et 90. Arcs, piliers et dômes islamiques décorèrent des immeubles publics. Au plan résidentiel, à Montréal, le décor en bois ouvré à la mauresque ("Cairene") fut très à la mode. On construisit des treillis en assemblant des fuseaux ou des boules reliés par des goujons, à l'image des volets en bois ("Mushrabbiyah") des maisons arabes, au Caire entre autres, qui laissent s'infiltrer l'air, non le soleil. Partout à Montréal, balustrades, frises, consoles incluses, prirent le genre mauresque. On pouvait acheter dans le même style des écrans d'intérieur tout faits.

168, avenue Hillside, Westmount (1893)

1204-06, rue Visitation (1890)

Canadiana

Finally, a patriotic note: two carved maple leaf friezes, one on a cornice in the industrial east end, the other framed by Swiss-style fretwork on a rather stately house at the foot of Mount Royal. The builder of one was French, the other English. There is also the occasional beaver crouching in profile on a gable end, but only in pressed metal, not in wood.

Canadiana

Ajoutons la note patriotique: deux frises ornées de feuilles d'érable taillées dans le bois; l'une sur une corniche dans la partie industrielle de l'est, l'autre encadrée de découpage à la suisse sur une façade de grand style, au pied du Mont-Royal. Un des constructeurs était français et l'autre anglais. A l'occasion, on trouve aussi un castor dans la pointe d'un pignon, non pas en bois mais en métal embouti.

3582, rue Université (1875)

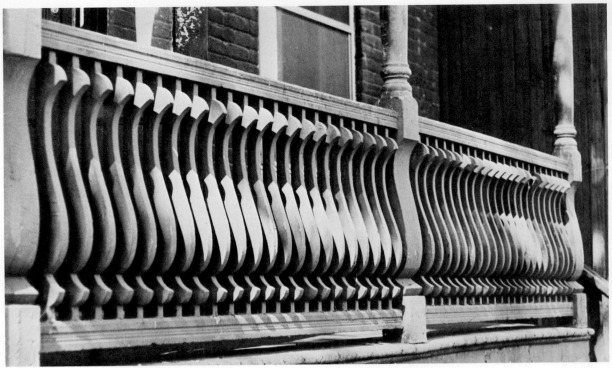

1462, rue Panet (1890)

Chapter 3

Woodworking techniques

By the late nineteenth century most of the traditional woodworking skills were mechanized, the craftsmen and their hand tools replaced by the mill and its machines. Work that used to take a day by hand could now be done in a few hours. Machine work lacked the quality of skilled handworkmanship, but it was available to far greater numbers of people.

Factories and workshops were established along the Lachine Canal in the 1850s. They were considerably mechanized even then. An 1856 report noted that "in Mr. James Shearer's factory... water driven machinery does very much of the work for the finishing of houses, steamboats, etc. which was previously done by hand... This establishment is capable of manufacturing daily one hundred doors, fifty sashes and twenty-five blinds, besides moldings, architraves and other finishings." Fifty men were employed.

Later steam replaced water power, and manufac-

Chapitre 3

Les techniques du bois ouvré

A la fin du 19e siècle, la plupart des façons traditionnelles de travailler le bois se mécanisèrent, le tour et ses accessoires remplaçant la main de l'artisan. On pouvait façonner en quelque heures ce qui, autrement, aurait pris une journée entière. La production mécanique n'avait pas le beau fini du travail manuel, mais elle était accessible à beaucoup plus de gens.

Usines et ateliers s'étaient établis le long du canal Lachine dans les années 50. La machine y était déjà maître. Un rapport datant de 1856 note que "à l'usine de M. James Shearer, la finition des revêtements pour maisons, bateaux à vapeur, etc., exécutée à la main autrefois, est en grande partie exécutée par des machines hydrauliques... On peut y produire quotidiennement cent portes, cinquante seuils et vingt-cinq jalousies, à part moulures, chambranles et autres accessoires". On y employait cinquante ouvriers.

3610-76, rue Clark (1894)

turing expanded. By the end of the 70s there were twenty-four carpentry and joinery shops and at least ten planing and saw mills in Montreal. Steam-driven machinery was available for every type of woodworking operation.

Ornamental woodwork was produced by sawing, turning and carving. Sawing was a relatively unsophisticated technique involving simple tools. Turning required more specialized skills with the lathe, chisels and gouges. The mechanization of the lathe permitted more elaborate work to be produced and copied in great quantity. The art of wood carving was in a decline at this time. Quebec craftsmen, trained in Classical church architecture, had trouble adjusting to the new styles, and the advent of mechanized mass production discouraged the training of new carvers.

La production s'accéléra quand la vapeur remplaça l'énergie hydraulique. A la fin des années 70, à Montréal, on comptait vingt-quatre ateliers de charpenterie et de menuiserie et au moins dix scieries. La machine à vapeur pouvait exécuter tout genre de travail dans le bois.

Pour décorer le bois, il fallait scier, tourner, sculpter. Relativement peu compliqué était le sciage, de simples outils faisaient l'affaire, mais le tour, les ciseaux, les goujes, exigeaient compétence et adresse. La mécanisation du tour permit la complication des ornements et leur reproduction en plus grand nombre. A cette époque, la sculpture sur bois était à la baisse. Formés à l'architecture des églises, nos artisans s'adaptèrent mal aux nouveaux styles. L'avènement de la production mécanique les découragea de former des apprentis.

2086-92, rue Saint-André

Sawing

Le sciage

Sawn ornament appeared throughout the period but was a favorite in the 70s. Posts and rails at that time were generally of sawn material chamfered along the edges to give an appearance of greater lightness. Balustrades were decorated by placing notched planks side by side, producing a repetitive pierced pattern. The balconies of Swiss and Austrian chalets were suggested as models. The planks were cut from two-inch material and fitted top and bottom into grooved rails. A variation, found mostly in the lower east end, was to place the shaped planks on edge, producing a sinuous profile.

Vergeboards and brackets were also sawn from

On employa les ornements découpés toute la période durant, particulièrement dans les années 70, alors qu'on chanfreinait rampes et poteaux sur l'épaisseur afin de leur donner une apparence plus légère. Pour décorer les balustrades, on plaçait côte à côte les montants encochés pour engendrer la répétition d'un motif découpé, à la manière des chalets suisses et autrichiens donnés comme modèles. Pour ces montants, on coupait des planches épaisses de deux pouces qu'on insérait en haut et en bas dans des traverses à rainures. Principalement dans la partie basse de l'est, on variait l'apparence en exposant l'épaisseur, non le plat, ce qui donnait à l'ensemble

4154-64, rue Sainte-Catherine ouest

two-inch boards into designs ranging from Gothic tracery to scrolls, loops and leaf forms.

The tools used for sawn work included hand fretsaws or scroll saws, and machine jigsaws and band saws. They all had narrow flexible blades which, held vertically, could saw the curved lines which gave the name *scrollwork* to the technique. A band saw — a thin blade passing over pulleys above and below a cutting table — was three times faster than a jigsaw, but because the blade was continuous it was necessary to cut through from the edge to do inside work and to patch afterward. Thus the band saw was generally used when no interior cutting

un profil sinueux.

Sciées également dans des planches de deux pouces, bordures de pignons et consoles s'ornaient de motifs allant de la rosace gothique aux volutes, boucles et feuillages.

Scie à découper manuelle, scie à chantourner manuelle ou mécanique, scie-ruban, c'étaient là les outils à couper le bois. Toutes munies d'étroites lames flexibles placées à la verticale, elles pouvaient couper en lignes courbes, ce qui s'appelle chantourner. La scie-ruban s'enroule autour de poulies — une au-dessus, l'autre en-dessous de la table — et est trois fois plus rapide que la scie à découper, mais la lame

2464-74, rue Coursol

was involved.

The jigsaw used a vertical reciprocating blade which could be removed and replaced in its frame. Interior work was started by drilling a hole — which sometimes became part of the design — and inserting the blade. Exact copies could be produced, as the blade was guided by hand or a mechanical process to follow the lines of the jig or master pattern. Rectangular notches and sharp angles could be achieved by separate cuts in each direction.

The finest work was cut in thin boards fitted together and framed round the edges. The effects were often very delicate, similar to the stenciling or embroidery patterns of the time.

Fretsawing was a popular hobby in North America

sans fin oblige à couper au-travers pour les ajours et à rapiécer après coup. On ne l'employait générale-ment pas pour les pièces à percer.

La scie à chantourner employait une lame amovi-ble à alternance. Avant d'insérer la lame, on com-mençait le travail de l'intérieur en perçant un trou . . . élément éventuel du motif. Guidée par la main ou la machine, la lame reproduisait fidèlement en suivant les lignes d'un modèle ou d'un patron. Encoches rec-tangulaires et angles aigus s'obtenaient par coupures séparées.

Les planches minces, assemblées puis montées à leurs extrémités, produisaient les meilleurs effets. Elles offraient parfois la délicatesse des motifs de pochoir ou de broderie de l'époque.

3007-13, rue Wellington

304-08, rue Sherbrooke ouest (1890)

in the 70s. Handsaws and treadle machines — sold by the thousands — were used to produce fretwork shelves, clock cases and picture frames, ornamental inlay work in colored woods, and scrollwork for house decoration. This technique allowed considerable scope for originality; innumerable variations could be produced of the basic designs in the pattern books and magazines.

Scrollwork was essentially two dimensional, a flat pattern of solid and void. Later work showed more complicated three dimensional effects: sawn work was combined with turned pieces or was built up in several layers to give a sculptured effect.

Le découpage était un passe-temps favori en Amérique du Nord lors des années 70. Scies manuelles et à pédales se vendaient par milliers; on fabriquait étagères, cages à pendules, cadres à tableaux, marqueterie ornementale en bois de couleur, enjolivements de maison. Le découpage favorisait considérablement l'originalité: les modèles-types fournis par les livres de patrons et les magazines permettaient d'innombrables variations.

Arabesques et volutes, bidimensionnelles en principe, jouaient avec les pleins et les vides. La production ultérieure se compliqua en prenant du relief. On combina découpage et tournage ou on superposa plusieurs épaisseurs pour suggérer le bois sculpté.

24-26, rue Saint-Cuthbert

18, rue Saint-Cuthbert

820, boulevard Georges-Vanier

3763, rue de Bullion (1872)

1917-19, rue Tupper (1877)

3883, boulevard Saint-Laurent (1870)

900-02, rue Cherrier (1876)

3542-44, rue Sainte-Famille (1889)

2636, rue Reading

1260, rue Condé (1892)

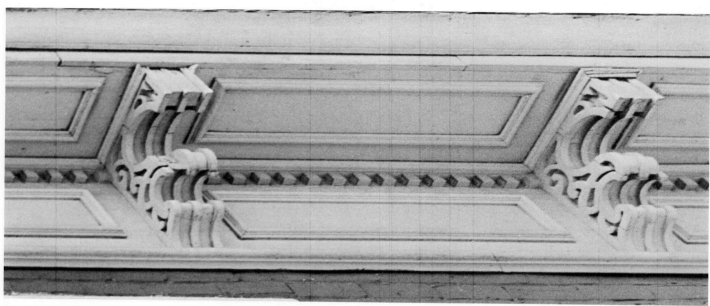

1472-74, rue Frontenac

1241-59, rue Bishop (1888)

Rue Wellington, angle de la rue Bourgeoys

Turning

Turned work was initially restricted to small finials, pendants and knobs. By the mid 80s turned posts, balusters and pieces for screens and gable ends were appearing, and turning eventually became the predominant technique in decorative woodwork in Montreal. Turning was done on lathes powered by treadles or steam. The ridges and hollows of the design were cut with chisels, gouges and scrapers held against the rotating piece of wood. On the simplest lathes the tools were held by hand, but copying lathes were available which guided the tools mechanically.

Spirals, crisscross patterns and very intricate combinations of grooves, rings, flutes, swellings and hollows were devised. Further elaboration was achieved

Le tournage

Le travail au tour fut d'abord réservé à de petits fleurons, pendantifs et rondeurs. Puis, au milieu des années 80, poteaux, balustres, treillis ainsi que faîtes de pignons firent leur apparition. Le tournage finit par prévaloir dans la technique du bois ornemental, soit avec le tour à pédale soit avec le tour à la vapeur. Ciseaux, gouges ou racloirs, maintenus contre la pièce tournante, produisaient les arêtes et les creux. Les tours simples exigeaient l'intervention de la main, mais les tours à reproduire permettaient l'ajustement mécanique de l'outil.

Spirales et entrecroisements, combinaisons compliquées de rainures, anneaux, cannelures, renflements et creux tentèrent l'imagination. On raffina en laissant des surfaces unies ou effilées. On répétait rare-

11-15, avenue Gladstone, Westmount (1889)

by leaving parts of the wood square or by tapering. Since variations on a basic pattern could be produced easily on a lathe, the same design was seldom repeated.

Standard patterns of turned balusters and moldings were available from the mills. Balustrades, friezes and brackets — some of great delicacy — were assembled using small turned pieces doweled into framing members. Larger turned rods appeared in the half-wheel gable ends in the upper west end and Westmount. Moorish work was a particularly popular form of turnery. Its most elaborate examples consisted of turned balls or bobbins doweled together to form a lattice. More commonly the balls and rods were turned in one piece and placed side by side or in radiating patterns to form screens and brackets.

ment les mêmes motifs: il était facile, au tour, de faire des variations sur les modèles-types. Les ateliers fournissaient des balustrades et moulures standard. On montait balustrades, frises et consoles — elles étaient parfois d'une grande délicatesse — en encastrant de petites pièces tournées et goujonnées dans les barres d'encadrement. Des tiges plus grosses ornant les demi-roues et les faîtes des pignons apparurent dans la partie ouest de la ville et à Westmount. Grâce au tournage, le style mauresque fut particulièrement populaire. Les motifs les plus poussés formaient un treillis fait de boules ou fuseaux goujonnés, mais en général on tournait des rayons formés de boules et chevilles tenantes pour les treillis et les consoles.

1208-14, rue Bishop (1888)

867, rue Charlevoix

333, avenue Metcalfe, Westmount

1194, rue Mountain (1890)

353-57, avenue Prince-Albert, Westmount (1897)

14, avenue Melbourne, Westmount (1898)

3560, rue Hutchison (1892)

4232, rue Christophe Colomb

1848-50, rue Saint-André

3545-51, avenue du Parc

2232, boulevard Dorchester ouest (1893)

4488-90, rue Sherbrooke ouest (1894)

Carving

Carved detail appeared to a limited extent on column capitals and pediments, in decorative panels on bay windows and balconies, and as embellishment to turned or sawn work. Carving was used to give a richer effect than was possible with layered scrollwork. The most striking examples of carved work were found on gables in fashionable west end streets. Their style was Classical or Baroque, the style of the Quebec school of wood carving which had been so disrupted by the shift in taste to Gothic.

Some of this work may have been carved by machine. Various wood-carving machines had been invented, some quite fantastic, displaying all the Victorian love of mechanical devices. These new tools copied hand-carved originals. In some types the tracing and cutting heads moved up and down, and the work table moved laterally. Others operated on the pantograph principle: the cutting arm was guided by the movements of a tracer arm which followed the contours of the original work. Exact size or reduced copies could be made.

Various paneling and molding machines were available. The paneling machines cut raised or recessed designs in solid wood, instead of assembling them from separately produced pieces. The cutting head was guided by a master pattern fixed above the work. Molding machines used cutting heads attached to adjustable spindles rotating above and below the wood.

Machine-run moldings were produced in many standard patterns and, combined with every style of sawn, turned and carved ornament, were used for trim around doors and as paneling.

La sculpture sur bois

Le bois sculpté était limité aux frontons et aux chapiteaux de colonnes, aux panneaux ornementaux des baies et des balcons, aux enjolivements du bois découpé ou tourné. Il créait un effet plus riche que celui qu'on obtenait par planchettes superposées. Ce sont les pignons de l'ouest de la ville qui offraient les exemples les plus frappants de bois sculpté. Ils étaient de style classique ou baroque, ces styles qui avaient été tellement compromis quand on s'était épris de style gothique.

Quelques-unes de ces pièces ont été taillées mécaniquement. Différentes machines avaient été inventées dont certaines, surprenantes d'ingéniosité, reflétaient l'emballement victorien pour les dispositifs mécaniques. Ces machines-outils copiaient des originaux exécutés à la main. Deux formules: les têtes marquantes et coupantes s'actionnaient de haut en bas et la table se déplaçait latéralement, ou bien c'était le pantographe qui dirigeait le bras coupant grâce aux mouvements du bras-guide suivant les contours de l'original et les reproduisant à grandeur réelle ou réduite.

On pouvait utiliser différentes machines pour les boiseries et les moulures. La machine à boiserie taillait des motifs en creux ou en relief dans du bois plein au lieu de les assembler avec des pièces façonnées séparément. Un gabarit fixé au-dessus du panneau guidait la tête coupante. La machine à moulures employait des têtes coupantes fixées à des arbres de rotation au-dessus et au-dessous des pièces.

La machine à moulures produisait un bon nombre de modèles standard. Combinées avec des ornements sciés, tournés, sculptés, ces moulures servaient à compléter chambranles et panneaux.

1225-33, rue Mountain (1893)

1421-25, rue Crescent (1896)

1170, rue Mountain (1890)

4061-63, rue Saint-Denis (1892)   *1621, rue Wellington*   *106, avenue Lewis, Westmount (1891)*

3573, rue Sainte-Famille (1890)   *1080-88, rue Chêneville (1888)*

385, rue Milton (1891)

1080-88, rue Chêneville (demolished/démolie) (1888)

Chapter 4

Preservation

Since 1950 downtown Montreal has been expanding rapidly and Victorian houses are being replaced by towers of offices, shops and apartments, or demolished to make way for highways. Some of these houses are in poor condition and lack adequate facilities, but many are still sound and could provide relatively cheap and spacious accommodation with minor renovations. Certainly they are more suitable to families with children than the high-priced, high-rise apartment towers, daunting in scale and unappealing at street level. High-rise buildings cannot be erected on every corner without problems of traffic congestion, parking, wind effects, light and view. It would be far better to preserve variety of scale in the city by retaining large areas of low-rise housing.

Recently there have been some moves in this direction. The city has renovated houses in Little Burgundy and a citizens' group called Save Montreal was formed in 1973 with the aim of preserving the traditional character of the city. Yet, even during the time taken to publish this book, many splendid examples of Victorian woodwork have been destroyed and something of the unique character and charm of Montreal has been lost forever.

Chapitre 4

La préservation

Montréal s'est développé rapidement depuis 1950. On remplace les maisons victoriennes par des tours à bureaux, magasins et appartements; on les rase pour faire place aux grandes artères. Certaines sont délabrées, sans aucun confort, mais bon nombre sont en bon état; des rénovations mineures en feraient des logements spacieux, relativement bon marché. Elles conviennent sûrement plus à des familles que des tours élevées en hauteur . . . et en loyers. D'aspect intimidant, elles sont peu invitantes de la rue. On ne saurait ériger de tels immeubles à chaque coin de rue sans créer des problèmes "dans le vent" et des problèmes de circulation, de stationnement, de lumière et de coup d'oeil. Il vaudrait mieux préserver la variété de l'échelle urbaine et conserver de grandes zones d'habitations peu élevées. Les édiles ont rénové des maisons à la Petite Bourgogne; l'association "Sauvons Montréal", fondée en 1973, cherche à protéger les caractéristiques traditionnelles de la cité. Or le temps que ce volume a pris pour prendre forme a déjà vu la destruction de plusieurs exemples de décor sur bois de l'époque victorienne. Quelque chose du charme et du caractère unique de la ville de Montréal a été perdu à jamais.

3566-68, rue Université (demolished/démolie) (1887)

Rue McTavish (demolished/démolie)

2068-92, rue Saint-André (stripped of ornament/dénudée de ses ornements)

Index

Acknowledgments

The research and photography for this book have been made possible largely through the generosity of the Canada Council; we are grateful to the Explorations Program of the Council for their grant. Our thanks also go to those who encouraged and supported our application.

We are indebted to Mr. André Giroux, researcher for the Canadian Inventory of Historic Buildings, for his valuable advice on the dating of buildings. In our research we drew mainly on the resources of the libraries of Sir George Williams University, McGill University and the City of Westmount and of the archives of the City of Montreal; we are grateful to the numerous members of staff who assisted us in the use of these collections, and to Mr. Michael Duffy for his help with our work.

And perhaps everyone living in Montreal should be grateful to those tenants and owners of properties throughout the city who have preserved so many delightful specimens of Victorian ornamental woodwork.

Remerciements

C'est, pour une grande part, la générosité du Conseil des Arts et la bourse que nous a value son programme de recherches qui nous ont permis d'établir la documentation architecturale nécessaire ainsi que l'illustration photographique de ce volume: nous lui en sommes reconnaissants. Nous remercions également les personnes qui avaient encouragé et appuyé notre demande.

Nous sommes également redevables à M. André Giroux, recherchiste au service d'inventaire de la Commission des Monuments historiques pour ses avis précieux sur la datation des bâtiments. Nous avons, d'autre part, consulté largement les archives de la ville de Montréal, les bibliothèques des universités Sir George Williams et McGill et celle de la ville de Westmount. Nous sommes reconnaissants à M. Michael Duffy, ainsi qu'aux différents personnels de ces collections pour l'assistance qu'ils nous ont prêtée.

Ajoutons que tous les résidents de Montréal devraient peut-être se montrer reconnaissants envers les propriétaires et locataires qui, un peu partout dans la ville, ont préservé tant d'exemples enchanteurs de la décoration victorienne en bois ouvré.

Bibliography

Bibliographie

American Architect and Building News, Boston.
Aveling, S. T. (1871) *Carpentry and Joinery: A Useful Handbook for the Many*, London, F. Warne.
Canadian Architect and Builder, Toronto.
Day, L. F. (1896) *The Application of Ornament*, London, Batsford.
Downing, A. J. (1856) *The Architecture of Country Houses*, New York, D. Appleton.
Downing, A. J. (1856) *Cottage Residences* (4th ed.), New York, Wiley & Halsted.
Goad, C. (1890) *Atlas of the City of Montreal*, Montreal.
Gowans, A. (1964) *Images of American Living*, Philadelphia, Lippincott.
Gowans, A. (1966) *Building Canada*, Toronto, Oxford University Press.
Harpers Magazine, New York.
Hopkins, H. (1879) *Atlas of the City and Island of Montreal*, Montreal, Provincial Surveying and Publishing Company.
Jenkins, K. (1966) *Montreal — Island City of the St. Lawrence*, New York, Doubleday.
Lavallée, O. S. (1961) *The Montreal City Passenger Railway — An Account*, Montreal, Canadian Railroad Historical Association.
Lessard, M. (1971) *L'Encyclopédie de la Maison Québécoise*, Montréal, Editions de l'Homme.
Lighthall, W. D. (1892) *Montreal After 250 Years*, Montreal, F. E. Grafton.
Lovell, J. (1871) *Montreal Directory*, Montreal, John Lovell.
Lovell, J. (1856) *Montreal in 1856 — A Sketch Prepared for the Opening of the Grand Trunk Railway*. Montreal, John Lovell.
Maass, J. (1972) *The Victorian Home in America*, New York, Hawthorn.
Rempel, J. (1967) *Building with Wood*, Toronto, University of Toronto Press.
Sandham, A. (1870) *Ville-Marie*, Montreal, G. Bishop.
Scully, V. (1971) *The Shingle Style and the Stick Style*, New Haven, Yale University Press.
Spon, E. and F. N. (1885) *Spons' Mechanics' Own Book*, London.
Westmount High School (1967) *Old Westmount*, Westmount.